AF192715

Lorenzo Valla

EL MISTERIO DE LA EUCARISTÍA

Traducción de Javier Soage

1ª ed., noviembre de 2025

Ilustración de portada a partir
de la *Santa Cena* de Fra Angelico (1422)

ISBN: 979-13-87504-13-7
Depósito legal: SE 2338-2025

IMPRESO EN LA UNIÓN EUROPEA

ÍNDICE

NOTICIA BIOBIBLIOGRÁFICA

Lorenzo Valla nació en Roma, en 1407, y falleció en la misma ciudad, relativamente joven, medio siglo después, tras una existencia errante que le llevó a desempeñar diversas ocupaciones y a residir en varias localidades italianas. Era hijo de Luca Valla, abogado y doctor en derecho civil y canónigo, que falleció siendo él adolescente, y de Caterina Scrivani, hija de Giovanni Scrivani, también jurista. Creció junto a ella y a su hermano, Melchiorre Scrivani, secretario papal de Martín V, lo cual le permitió moverse en dichos círculos y recibir educación en su Studium urbis. Estudió griego con Giovanni Aurispa en 1420 y con Rinuccio di Castiglione en 1425, perfeccionando su latín con Leonardo Bruni en 1426; en todas las demás materias, Valla fue autodidacta. De inteligencia despierta y talento precoz, con solo 21 años escribió su primer libro, *De comparatione Ciceronis Quintilianique*, actualmente perdido, en el cual ponía al calagurritano por encima del arpinate; así se manifestaba ya su preferencia por una comprensión de la retórica sustancialmente diferente de la que triunfaba en su época, más rígida y formalista.

Tras la muerte de su tío en 1430 trató de sucederle en el puesto, pero a causa de su juventud fue rechazado. Se trasladó entonces a la ciudad de Pavía, donde permaneció hasta el verano de 1431; es aquí donde escribió *De voluptate*, obra que revisaría posteriormente en 1433 y en 1440, y a la que incluso cambiaría el título por *De vero falsoque bono* y *De vero bono*, respectivamente. Fue nombrado profesor de retórica por el Studio, dando en él clases entre 1431 y 1433 y entrando en relación con los círculos intelectuales de la localidad. En marzo de 1433 se vio obligado a abandonarla debido a desavenencias con los juristas locales a raíz de un libelo en el que Valla censuraba su incompetencia en la lengua latina. Este episodio le valió el calificativo de 'fundador' del humanismo legal.

Se trasladó a continuación a Milán, después a Génova y más tarde a Florencia, donde impartió lecciones particulares. En el año 1435 entró al servicio del rey Alfonso de Aragón, a quien acompañó durante sus campañas bélicas hasta 1442, fecha en que accede este al trono de Nápoles. (En dicha ciudad permanecerá Valla hasta su retorno a Roma, en 1448). En 1443 dio a luz la primera versión de la que estaba llamada a ser una de sus obras más influyentes en el contexto del humanismo del Renacimiento: las *Elegantiarum linguae latinae libri sex,* de la cual se conservan en la actualidad casi cincuenta manuscritos y más de cien incunables; este texto fue utilizado como manual de latín hasta el siglo XVII y fue objeto de la admiración de Erasmo de Rotterdam.

Hacia 1440 Valla completó su primera versión de las *Repastinatio dialecticae et philosophiae*, cuya segunda versión intituló *Disputationes dialecticae libri tres*, en las que criticaba la metafísica y la lógica escolástico-aristotélicas. De estos años datan un par de obritas de temática religiosa y moral: el *Dialogus de libero arbitrio*, que fue elogiado por Martín Lutero, rechazado por Erasmo y despreciado por Calvino; y *De professione religiosorum*, donde negaba que la piedad cristiana fuese mayor entre los monjes y clérigos que entre los laicos, la cual ejerció una gran influencia entre erasmistas y protestantes y le granjeó problemas con la Inquisición. También dio a luz su célebre *De falso credita et ementita Constantini donatione declamatio,* donde denunciaba con argumentos filológicos la naturaleza espuria de la llamada Donación de Constantino, por la cual el papado ejercía derechos temporales sobre amplios territorios.

En 1443 Valla dio a conocer sus *Collatio Novi Testamenti*, en las cuales ponía de manifiesto numerosos errores de la Vulgata de San Jerónimo tras compararla con cuatro manuscritos griegos distintos; fueron publicadas en 1505 por Erasmo, si bien con posterioridad se ha sabido que la edición que este dio a la imprenta era la segunda. Valla exponía en el proemio las implicaciones teológicas que conlleva cualquier traducción de las Sagradas Escrituras, en la cual se deben tener en cuenta también aspectos de carácter histórico; se alejaba, así, tanto de la hermenéutica medieval y su cuádruple lectura de la Biblia, como de la escolástica y su gusto por las analogías.

La osadía de sus postulados, así como ciertas actitudes personales que le acarrearon numerosos encontronazos con personalidades relevantes, motivaron que en el año 1444 fuese acusado de herejía, aunque la intercesión del monarca evitó que el proceso fuese a más. Valla explica los motivos de esta imputación, así como su actitud al respecto, en varias obras: el *Antidotum secundum in Poggium*, la *Defensio questionum in philosophia* y, especialmente, en su *Apología* a Eugenio IV.

Al año siguiente empezó la redacción de la *Gesta Ferdinandi Regis Aragonum* como preámbulo de una historia del reinado de Alfonso, la cual no llegó a completarse. A lo largo del año 1446, Bartolomeo Facio, humanista en la corte alfonsina, compuso con la ayuda de Antonio Beccadelli cuatro invectivas manifestando su desacuerdo con dicho texto, a las cuales repuso Valla a principios de 1447 con su *Antidotum in Facium*, en cuyo cuarto libro incluía un imponente análisis de la segunda guerra púnica narrada por Tito Livio. Durante la primavera de ese año, entró en contacto con el papa recién electo, Nicolás V, quien lo incorporó a su corte romana en algún momento de 1448 en calidad de escritor apostólico.

No fue hasta 1455 cuando, siendo Sumo Pontífice Calixto III, alcanzó al fin el ansiado puesto de secretario apostólico; al parecer, su conocida rivalidad con Poggio Bracciolini le había impedido acceder a él hasta que éste abandonó la ciudad eterna. El enfrentamiento entre ambos humanistas dio pie a una serie de invectivas cruzadas que se han hecho célebres por su virulencia, si bien subyace en la tensión entre ambos una concepción distinta del humanismo, siendo el de Poggio más filológico y anticuario, y el de Valla más histórico y crítico.

Durante la última década de su vida, Lorenzo Valla no escribió ninguna obra de importancia, limitándose a revisar y corregir las que ya había compuesto anteriormente: las *Collatio*, las *Disputationes*, las *Elegantiae* y el *De vero bono*. A instancias de Nicolás V tradujo a Tucídides y a Heródoto, así como a Esopo, Homero y Demóstenes. Nombrado adjunto a una cátedra del Studium urbis en 1450, dio clases sobre la retórica de Quintiliano.

De sus discursos pronunciados en esta época han sobrevivido tres, en los cuales se pone de manifiesto su visión acerca del lenguaje, de la historia y de la religión: en la *Oratio in principio sui studii* (datado el 18 de octubre de 1455) ensalza la deuda de la civilización occidental con la lengua latina, así como con la Iglesia católica que la adoptó como propia. Este *Sermo de mysterio eucharistiae*, que aquí publicamos por primera vez en castellano, fue pronunciado el Jueves Santo de 1456 o 1457 en la Iglesia de San Juan de Letrán (de la que había sido nombrado canónigo en 1455), donde ligaba la dignidad humana y su capacidad para deificarse a raíz del misterio de la Encarnación, el cual se hacía presente todos los días durante la misa. El 7 de marzo de 1457 pronunció el *Encomium Sancti Thomae Aquinatis* a raíz de la invitación que le hicieron llegar los dominicos de Santa Maria sopra Minerva: en este discurso, que ha sido traducido al castellano por quien esto escribe,[1] ensalza la piedad del santo pero antepone la patrística a la teología escolástica.

Lorenzo Valla falleció el 1 de agosto de 1457 y fue enterrado en la basílica de la que era canónigo.

José Luis Trullo

---

[1] http://www.humanistas.eu/2022/11/lorenzo-valla-elogio-de-santo-tomas-de.html

SERMO LAURENTII VALLE
DE MYSTERIO EUCHARISTIE

(facsímil)

SERMO LAVREN
TII VALLAE DE MISTERIO
EVCHARISTIAE

Cio ego plerofq; Venerãdi Patres
& ciues egregii: qui ex hoc loco di
xerunt de myſterio Euchariſtiæ in
admiratiõe tanti ſacramenti fuiſſe
immoratos:dum aperire ſtudent atq; oſten-
dere quanta diuinitas quantum miraculum
ſit ut panis qui per nos ex tritico conficitur
ui diuinorum uerborũ ex ſacerdotis ore pro
latorum cõuertatur non ſolum in hominem
ſed quod omnem intellectum ſupergredi ui
detur in Deum. Poſt quæ reliquam oratiũ
culæ meæ parte in laudibus huius ſacramẽ
ti cõſumabo . Nam diuina laudare quiuis
& poteſt & debet illa uero iueſtigare & eorũ
ratione reddere pauciſſimox eſt perfectæq;
ſapientum . Et.n.quo modo panis in Deũ
ſi nulla ratione pbabilius facere poſſemus:
tamen nihil nobis uel ad religionem uel ad
diuinam ſciãm deeſſe exiſtimare debemus :
ſcientes fidem eſſe pprie cum nos Deo cre-
dimus:ſicuti amico cuipiam:cuius ueritatẽ

17

cognitam habemus atqʒ exploratam . Vnde
scriptũ est. Beati qui non uiderunт & crediderunt. Quasi qui non intelligunt & credũt
Nam quod quiuis uidet quid sperat? Non
enim credit alteri : sed sibi ipsi . Propterea de
Abraham dictum est : quod inspem præter
spem credidisset. Credit Abrahã deo : & re-
putatũ est illi ad iustitiam . Ita nobis ad iu-
stitiã reputabiт : si fidẽ præter fidẽ habueri
mus. Verum ut rationem quoqʒ reddã non
uideo cur quibusdam tantopere hoc uideaт
credibile : panem conuerti in Deum : q̃q̃ nescio an in Deum panis ?an Deus conuertaт
in panem : Deus tamen existens ? Diciт eni
Verbum caro factum est. Non autem caro
facta est uerbũ. Et alibi. Ego sum panis ui-
tæ q de cælo descendi . Iã ante Eucharistiæ
sacramentũ se panem uocat : quasi se ipsum
conuersurus in panem . Hoc est pro pane se
daturus . Sed accipite quonam modo id sit
itelligendum. Filius Dei in mundũ ueniens
sumpsit ex i temeratissimo Virginis corpo
re : nescio an dicam carnẽ? Nam caro ꝑprie
dicitur quæ liquida non est : sed ex carne : ut

fic dicā nitidiſſimum florem . Quid dicis ?
Nō ne caro illa fanctiſſima ex cibo facta ē ?
Ita opinor. Quo autē ex cibo ? Nēpe ex pa
ne . Neqꝫ.n. fanctiſſimā Virginem ex carne
uictitaſſe credibile eſt. Ita fit ut prius:paîs:
deinde caro fuerit id quod Dominus dum
in carnatus eſt:delibauit Quod aīa hominis
aniāuit pariter & diuinitate impleuit . Eadē
ratione panem facrofancti altaris in carnem
conuertens feipfum :ideſt hominem deumqꝫ
in fundit. Ideoqꝫ nō uideo quid plus hæc in
altari:q̄ illa inutero Virginis in carnatio ha
beat in credendo difficultatis atqꝫ miraculi.
At illa iquies femel fuit .hæc uero quotidie
& eodem tempore & plurimis in locis . Hæc
altera queſtio eſt:& quæ nō folum ad hoc fa
cramentum ptineret. Quo modo .n. idem Ie
fus & cū apſtolis ihyerufalē :& cū difcipulis
i uia loquebat̄ ? Quomodo ē in cælo & in ter
homines ? Sed ne altius q̄ uires meæ ferunt
uolare uidear: afferā exēpla de medio . Cur
uox mea in ueſtris omnium auribus ē tota ?
Quo modo radius folis eodē puncto non di
co medium aerē & extremū cæli pariter uno

ictu contingit: sed pauimentum & tectum ꝛ
Cū negare nō poſſimus : ſi uas aquæ plenū
ut inquit Virgilius: accepto ſole ſummi feri
at laquearia tecto:quim prius ſol aquā uer⸗
berarit: ꝗ aqua ſuo ſplēdore reuerberauerit
tectū . Sed tamen uidemus utrumcꝫ pariter
fieri id quod poſterius eſt factum esse poſte
rius affirmare nō poſſis .Quid plura ꝛ Quis
neſcit unum hominem diuerſas partes eodē
tēpore non poſſe intueri ꝛ Idem crederemus
i pictura:quæ ē hominis imago uſu eueire :
nec in ea poſſe cōtingere quod in ipſo homie
nō cōtingit:& tamen id in multis picturis li
cet intueri . Quod niſi inſpiceres nequaꝗ ad
credēdū uerbis aut ratione iducereris . Mul
ta ſunt huiuſmodi admirāda i rebus huma
nis atcꝫ corporeis .Quanto debemus exiſti⸗
mare inſpiritualibus atcꝫ diuinis admirabi
liora .An ignoramus præſertim ratione dic
tante Deum ubicꝫeſſe:& omnia eſſe i Deo.
Nec fieri poſſe quim oīa quæ ſunt in eo pſi
ſtant per quē exiſtūt. Quare qui de hoc dei
aduentu i myſterio panis ābigit:non diuinā
naturā:ſed hominis fragilitatem uidetur co

gitare. Maiore igit̃ anio de deo cogitãdum:
sentiendum:loquendum eſt:q̄ ut eius omni
potentiam reuocemus ĩ dubium. Sed ne plu
ra q̄ ꝓpoſui loquar poſtquã ut potui oſtẽdi
quo modo deus in panem:uel panis ĩ deum
conuertatur. Reſpondeam nunc illud quod
promiſi de huius myſterii laudibus. Quod
maius a Deo dari nobis donum potuit:q̄ ut
ſe ipſum donaret⸗Nempe ſe ipſum. Et āte
q̄ illuc ꝑgamus nos paradiſo afficit. An nõ
ipſe uocari ſe uoluit Emanuel:ideſt nobiſcũ
Deus⸗ Si nobiſcũ ē Deus ut certe eſt :quo
alio tendere uelimus⸗Verum enim non præ
bet ſe nobis ille quidẽ: ſed nondũ patefacta
diuinitate.Quia nondum capaces ſumus cõ
tẽplande diuine maieſtatis. In quã ituemur
per ſpeculum & ĩ ænigm ate:tũ ꝑ ceíto habe
mus quod nobiſcum ē Deus defenſor.adiu
tor:ꝑtector. Nec nobiſcũ modo:ueru etiam
ĩtra nos. Quid optabilius dici & excogitari
poteſt:q̄ Deũ maíbus hoínum contrectari⸗
Ori admoueri⸗atꝗ ĩ intima pectoris recon⸗
di ⸗ Tam diu manſurum:q̄diu hoſpitiũ do
mus noſtræ purum mũdumꝗ ſeruarimus .

Hoc autem facramētū doinus nofter Iefus
Chriftus cum patribus olim in figura often
diffet difcipulisᴂ fuis aliquamdiu promifi
ffet:hodie i ultima ante obitum cœna iftitu
it:ut difcipulos fuos:immo & homines reli
cturus:tamen eos nō relinqueret:nifi fubfti
tuto i fui locū hoc facramēto p quod femp
aduenit:femper adeft. Per quod numᵈ rece
dit :ut nō plus præbuerit āgelis afcenfionis
cū fe illis i cælo doāuit:doāuit ppetuo mā
furum:ᵈ homibus cum hunc in modum no
bifcum permanent .O ineffabile non modo
myfterium:fed donum mortalibus datum:
angelis enim cum pares fimus quod Iefum
Criftū ᵈadmodū & illi poffidemus:tamen
in hoc fuperiores cenferi debemus: quod ex
ore noftro id quod āgelis non licet myfteriū
hoc facramentumᴂ conficitur. Vere dictus
Emanuel:nobifcum Deus:quod magis no⁄
bifcum:ᵈ cum āgelis eft. Necᴂ ab re . Quo
niā nobis ᵈ āgelis eft ipfe fimilior . Ex quo
illud quoᴂ itelligi licet:quod deus apud pi
as neᴂ incredulas mentes oftendit:ficut pa⸱
nē illum conuertit:fic nos in die iuditii con⁄

uertet in Deum. Nos enim membra eius eri
mus: ut sit caput totius corporis. O rē quæ
uere exuperat omnem sensum. Hoiem quid
dicā: ex pane alitū ex limo factum supra cæ
los ascēdere: & Deū effici ◦ Hoc ergo demō
strat. Hoc promittit. Hæc hostia uere crdē
tibus: quæ nunc a latinis uocāt Eucharistia
græco nomine: Quod proprie significat gra
tiarū actio. Vel quia christus cū panē in ma
nu accepit: gratias egit. Vel quia nos ī eo ac
cipiendo gratias illi agere oportet. Quāobrē
ut iā finem faciam cū semper alias: tū præci
pue hoc sacramēto die una cum domino no⸗
stro Iesu Christo: q patri gratias egit: agere
debemus: cui sit gratiarū actio: & gloria in
secula sæculorum   Amen.

SERMO LAURENTII VALLE
DE MYSTERIO EUCHARISTIE

(transcripción)

Texto latino: "Laurentii Valle sermo de mysterio eucharistie". In: *Laurentii Valle sermo de mysterio eucharistie* (Edizione Nazionale delle Opere di Lorenzo Valla. II. Opere religiose, 3). Eds. C. Marsico y M. Bracali. Florencia: Edizioni Polistampa, 2019, pp. 185-191.

(1) Scio ego plerosque, venerandi patres et cives egregii, qui ex hoc loco dixerunt de mysterio eucharistie, in admiratione tanti sacramenti fuisse immoratos dum aperire student atque ostendere quanta divinitas, quantum miraculum sit ut panis, qui per nos ex tritico conficitur, vi divinorum verborum ex sacerdotis ore prolatorum convertatur non solum in hominem sed, quod omnem intellectum supergredi videtur, in Deum. (2) [...] Post que reliquam oratiuncule mee partem in laudibus huius sacramenti consummabo. Nam divina laudare quivis et potest et de-bet, illa vero investigare et eorum rationem reddere paucissimorum est perfecteque sapientum. Etenim quomodo panis convertatur in Deum si nulla ratione probabilius facere possemus, tamen nihil nobis vel ad religionem vel ad divinam scientiam deesse existimare debemus, scientes fidem esse proprie cum nos Deo credimus sicuti amico cuipiam, cuius veritatem cognitam habemus atque exploratam. (3) Unde scriptum est: «Beati qui non viderunt et crediderunt, quasi qui non intelligunt et credunt. «Nam quod quivis videt, quid speratur?». Non enim credit alteri, sed sibi ipsi. (4) Propterea de Abra-

ham dictum est quod in spem preter spem credidisset: «credidit Abraham Deo et reputatum est illi ad iustitiam». Ita nobis ad iustitiam reputabitur si fidem preter fidem habuerimus. (5) Verum, ut raionemquoque reddam, non video cur quibusdam tantopere hoc videatur incredibile panem converti in Deum. Quamquam nescio an in Deum panis, an Deus convertatur in panem, Deus tamen existens. Dicitur enim: «Verbum caro factum est», non autem 'caro facta est verbum' et alibi: «Ego sum panis vite qui de celo descendi». (6) Iam ante eucharistie sacramentum se panem vocat, quasi se ipsum conversurus in panem, hoc est pro pane se daturus. Sed accipite quonam modo id sit intelligendum. (7) Filius Dei in mundum veniens sumpsit ex intemeratissimo Virginis corpore, nescio an dicam carnem (nam caro proprie dicitur que liquida non est) sed ex carne, ut sic dicam, nitidissimum florem. Quid dicis? Nonne caro illa sanctissima ex cibo facta est? Ita opinor. (8) Quo autem ex cibo? Nempe ex pane. Neque enim sanctissimam Virginem ex carne victitasse credibile est. Ita fit ut prius panis deinde caro fuerit id quod Dominus dum incarnatus est delibavit, quod anima hominis animavit pariter et divinitate implevit. (9) Eadem ratione, panem sacrosancti altaris in carnem convertens, se ipsum, idest hominem Deumque, infundit. Ideoque non video quid plus hec in altari quam illa in utero Virginis incarnatio habeat in credendo difficultatis atque miraculi. (10) At illa, inquies, semel fuit, hec vero quotidie et eodem tempore et plurimis in locis. Hec altera questio est et que non solum ad hoc sacramentum pertineret. (11) Quomodo enim idem Iesus et cum apostolis in Iyerusalem et cum discipulis in via loquebatur? Quomodo est in celo et inter homines? Sed ne altius quam vires mee ferunt volare videar, afferam exempla de medio. (12) Cur vox mea in vestris omnium auribus est tota? Quomodo radius solis eodem puncto, non dico medium aerem et extremum celi pariter uno ictu contingit, sed pavimentum et tectum? (13) Cum negare non possimus, si vas aque plenum, ut inquit Virgilius, accepto sole, summi feriat laquearia tecti, quin prius sol aquam verberarit quam aqua suo splendore reverberaverit tectum (sed tamen videmus utrumque pariter fieri), id quod posterius est factum esse posterius affirmare non possis. (14) Quid plura? Quis nescit unum hominem diversas partes eodem tempore non posse intueri? Idem crederemus in pictura, que est hominis imago, usu evenire, nec in ea posse contingere quod in ipso homine non contingit, et tamen id in multis picturis licet intueri, quod nisi inspiceres nequaquam ad credendum verbis aut ratione induceretis. (15) Multa sunt huius modi admiranda in rebus humanis atque corporeis: quanto debemus existimare in spiritualibus atque divinis admirabiliora? An ignoramus, presertim ratione dictante, Deum ubique esse et omnia esse in Deo nec fieri posse quin omnia que sunt in eo persistant, per quem existunt? (16) Quare qui de hoc Dei adventu in mysterio panis ambigit, non divinam naturam sed hominis fragilitatem videtur cogitare. Maiore igitur animo de Deo cogitandum, sentiendum, loquendum est quam ut eius omnipotentiam revocemus in dubium. (17) Sed ne plura quam proposui loquar, postquam, ut potui, ostendi quomodo Deus in panem vel panis in Deum convertatur, respondeam nunc illud quod promisi de huius mysterii laudibus. (18) Quod maius a Deo dari nobis donum potuit quam ut se ipsum donaret? Nempe se ipsum. Et ante quam illuc pergamus, nos paradiso afficit. An non ipse vocari se voluit Emmanuel, idest nobiscum Deus? Si nobiscum est Deus, ut certe est, quo alio tendere velimus? (19) Verum enim non prebet se nobis ille quidem, sed nondum patefacta divinitate, quia nondum capaces sumus contemplande divine maiestaus in quam intuemur per speculum et in enigmate: tamen pro certo habemus quod nobiscum est Deus defensor, adiutor, protector. (20) Nec nobiscum modo, verum etiam intra nos. Quid optabilius dici et excogitari potest quam Deum manibus hominum contrectari, ori admoveri atque in intima pectoris recondi? Tamdiu mansurum quamdiu hospitium domus nostre purum mundumque servarimus. (21) Hoc autem sacramentum dominus noster Iesus Christus, cum Patribus olim in figura ostendisset discipulisque suis aliquamdiu promisisset, hodie in ultima ante obitum cena instituit, ut discipulos suos, immo et homines, relicturus, tamen eos non relinqueret, nisi substituto in sui locum hoc sacramento, per quod semper advenit, semper adest, per quod numquam recedit; ut non plus prebuerit angelis ascensione, cum se illis in celo donavit (donavit perpetuo mansurum), quam hominibus, cum hunc in modum nobiscum permanet. (22) O ineffabile non modo mysterium, sed donum mortalibus datum! Angelis enim cum pares simus, quod Iesum Christum quemadmodum et illi possidemus, tamen in hoc superiores censeri debemus: quod ex ore nostro, id quod angelis non licet, mysterium hoc sacramentumque conficitur.

(23) Vere dictus «Emmanuel: nobiscum Deus», quod magis nobiscum quam cum angelis est. Neque ab re, quoniam nobis quam angelis est ipse similior, Ex quo illudquoque intelligi licet, quod Deus apud pias neque incredulas mentes ostendit: sicut panem illum convertit, sic nos in die iuditii con vertet in Deum. Nos enim membra eius erimus, ut sit caput totius corporis. (24) O rem que vere exuperat omnem sensum! Hominem, quid dicam?, ex pane alitum, ex limo factum, supra celos ascendere et Deum effici! Hoc ergo demonstrat, hoc promittit hec hostia vere credentibus, que nunc a Latinis vocatur eucharistia, Greco nomine, quod proprie significat gratiarum actio, vel quia Christus cum panem in manu accepit gratias egit, vel quia nos in eo accipiendo gratias illi agere oportet. (25) Quam obrem, ut iam finem faciam, cum semper alias tum precipue hoc sacro die, una cum domino nostro Iesu Christo, qui Patri gratias egit, agere debemus, cui sit gratiarum actio et gloria in secula seculorum. Amen.

EL MISTERIO DE LA EUCARISTÍA

(traducción)

(1) Reverendos padres y egregios conciudadanos, sé que muchos otros que, desde mi posición, han abordado el misterio de la eucaristía quedaron prendidos de admiración por tan gran sacramento, mientras trataban de explicar y declarar cuán divino y milagroso resulta que el pan que nosotros mismos hemos elaborado a base de trigo pase a ser, por obra de las palabras divinas del sacerdote, no digo ya un hombre, sino el mismo Dios. Es algo que ya de por sí supera cualquier entendimiento. (2) [...] Por último, cerraré este breve discurso mío con un elogio del sacramento: elogiar lo divino es algo que todo el mundo puede y debe hacer; lo que está al alcance de muy pocos, y muy eruditos, es investigarlo y explicarlo. Por lo tanto, aunque no esté en nuestra mano explicar con detalle el modo en que el pan se vuelve Dios, no por ello les supondremos lagunas o flaquezas a nuestra religión y nuestro entendimiento de la divinidad: bien sabemos que nuestra fe consiste,

precisamente, en creer en Dios como en un amigo de consabida y probada honradez. (3) Ya lo dice el texto sagrado: "Bienaventurados quienes no vieron y creyeron", entiéndase "quienes no entienden y aun así creen". En efecto, lo evidente y palmario no requiere esperanza porque, en tal caso, uno no está creyendo en nadie más que en sí mismo. (4) Por esto mismo se dijo que la esperanza de Abraham iba más allá de la esperanza: "Abraham creyó en Dios y así se le reconoció justamente". Del mismo modo se nos reconocerá justamente a nosotros haber profesado una fe más allá de la fe.

(5) De todos modos, y vuelvo con ello a mi explicación, no termino de entender por qué a algunos les resulta tan increíble que el pan se convierta en Dios. A decir verdad, no tengo claro si es el pan el que se convierte en Dios o si es Dios quien, sin dejar de ser Dios, se convierte en pan. De hecho, leemos que "el Verbo se hizo carne", y no que "la carne se hizo Verbo"; y leemos: "yo soy el pan de vida que bajó del cielo". (6) Ya

antes de instituir el sacramento de la eucaristía se refería a sí mismo como "el pan", como anunciando que se habría de convertir en pan, que terminaría entregado en forma de pan. Quiero que entendáis esto con propiedad. (7) El Hijo de Dios, cuando vino al mundo, tomó del inmaculadísimo cuerpo de la Virgen… no sé si es lícito hablar de "carne", por que el término solo denota propiamente una sustancia no líquida, pero sí podemos decir que tomó de Ella la muy fértil esencia de la carne. ¿Y acaso esta carne santísima no fue fruto del alimento? Yo opino que sí. (8) ¿Y de qué alimento? Pues del pan, porque no me parece concebible pensar que la Virgen se sustentase a base de carne. Por tanto, la sustancia que hizo posible la Encarnación del Señor fue primero pan y luego carne, y esta fue la sustancia que Él animó con alma humana y colmó de divinidad a partes iguales. (9) Y del mismo modo infunde su ser (su humanidad y su divinidad) al pan que se convierte en carne sobre el sacrosanto altar. Así pues, no veo por qué motivo resulta más inconcebible o acaso más milagrosa esta encarnación sobre el altar que la que se produjo en el vientre de la Virgen.

(10) Me dirás que esta última se produjo en una única ocasión, y que la del altar se produce a diario y en muchos lugares a la vez. Es esta una cuestión distinta que, de hecho, no solo atañe al sacramento que nos ocupa. (11) Dime: ¿cómo pudo Jesús acompañar a los apóstoles en Jerusalén y hablar al mismo tiempo con los discípulos en la calle? ¿Cómo es que está en el cielo y aquí entre los hombres? No quiero elevar mis argumentos más alto de lo que yo mismo alcanzo, y por eso prefiero brindaros un ejemplo más mundano: (12) ¿cómo es que mi voz está presente toda ella en las orejas de todos y cada uno de vosotros? ¿Cómo puede ser que un solo rayo de sol impacte a la vez… ya no digo en el aire que nos rodea y en la otra punta del cielo, sino entre el suelo y el techo de una habitación? (13) Cuando

el sol incide sobre un vaso de agua, dice Virgilio, su luz también se echa de ver sobre las tablas del techo y, aunque a nuestros ojos todo ello sucede a la vez, no podemos negar que el sol incidió primero sobre el agua, y que solo entonces pudo el agua reflejar la luz al techo. Sabiendo esto, no podemos afirmar que un suceso, por ser posterior a otro, también ha de tener un origen necesariamente posterior. (14) ¿Más ejemplos hacen falta? Todos sabemos que un hombre no puede dirigir su mirada en diversas direcciones a la vez. Las artes plásticas, como reflejo que son del hombre, deberían ceñirse a este principio y no tratar de representarnos lo que el hombre mismo no puede. En cambio, muchas pinturas representan cosas de las que, de no estar viéndolas, no nos dejaríamos convencer ni con palabras ni con razones. (15) Si tantos y tan variados ejemplos nos los brindan los meros asuntos humanos y tangibles, ¡qué maravillas no debemos esperarnos de lo espiritual y lo divino! ¿Acaso vamos a negar, por el mero dictado de nuestra razón, que Dios esté en todas partes? ¿Vamos a negar que todas las cosas estén en Dios? ¿Rechazaremos que todo cuanto existe pueda persistir en aquello que le brinda la existencia? (16) Del mismo modo, quien duda de la presencia de Dios en el misterio del pan no está considerando la naturaleza divina, sino las limitaciones del hombre. Siempre que pensemos, opinemos y hablemos de Dios, hemos de vencer la inclinación a poner en duda su omnipotencia.

(17) Para no desviarme del tema, considero explicado –en la medida de mis posibilidades– el modo en que Dios se convierte en pan o el pan se convierte en Dios. Paso ahora al prometido elogio de este misterio. (18) ¿Qué mayor regalo podíamos recibir de Dios que la propia entrega de Sí mismo? Nos hizo entrega de Sí mismo y, haciéndolo, nos acercó un poco al paraíso, a la espera de que efectivamente nos dirijamos allá. ¿Es que acaso no se hizo llamar 'Emma-

nuel', que significa 'Dios con nosotros'? Si Dios está con nosotros, como sabemos que está, ¿qué otro destino podría tentar nuestros pasos? (19) Ahora bien, Dios no se nos presenta tal cual es: se nos muestra despojado de la divinidad como tal, porque nosotros todavía no somos capaces de contemplar la divina majestad, y solo alcanzamos a imaginarla mediante símiles o enigmas. Y no obstante, sabemos a ciencia cierta que Dios está con nosotros, que nos defiende, auxilia y protege. (20) Y no solo está con nosotros: está dentro de nosotros. ¡Qué delicia poder decir y concebir que Dios actúa con las manos de los hombres, mana de nuestras bocas y se esconde en lo más íntimo de nuestros pechos, que le darán cobijo mientras los mantengamos limpios y puros?

(21) Hoy sabemos que este sacramento, que Nuestro Señor Jesucristo había prefigurado a los padres y prometido a sus discípulos, lo instituyó en la Última Cena previa a su muerte, de manera que, habiendo de aban-

donar a sus discípulos –y, por extensión, a los hombres–, no lo hiciese sin haberlos provisto de un sacramento a propósito. Un sacramento para regresar continuamente, para estar siempre presente, para no irse nunca del todo; por que su entrega a los ángeles en el cielo tras la Ascensión (una entrega que es para siempre) no mostrase más deferencia por ellos que por los hombres, toda vez que, de este modo, permanece con nosotros.

(22) ¡Qué inefable misterio! Diré más, ¡qué inefable regalo a los mortales! Si gozamos de la presencia de Jesucristo como los ángeles, y en eso somos iguales a ellos, hay un detalle en que nos debemos considerar superiores, y es que este misterio y sacramento se consuma mediante nuestra voz, algo que no pueden hacer los ángeles. (23) No en vano se impuso el nombre de 'Emmanuel, Dios con nosotros', ya que está más próximo a nosotros que a los ángeles, y no sin razón, porque Jesucristo se parece más a

nosotros que a ellos. Y así se manifiesta de manera palmaria lo que Dios declara a las mentes pías y no escépticas: tal como convierte el pan, así nos convertirá a nosotros en Dios el día del Juicio, cuando pasemos a ser los miembros de un cuerpo, y Él su cabeza. (24) ¡Qué cosa esta, que supera todo entendimiento! Un hombre nutrido de pan y formado de lodo termina elevándose y volviéndose Dios. Esto es lo que significa y promete la hostia a los auténticos creyentes; esta hostia que también en latín han dado en llamar 'eucaristía' –término griego que denota propiamente la acción de gracias, bien porque Cristo dio las gracias al tomar el pan en sus manos, bien porque también nosotros, al recibirlo, debemos darlas.

(25) Y concluyo: si dar las gracias es algo que debemos hacer en toda ocasión, tanto más en este día sagrado. Dar las gracias junto con Nuestro Señor Jesucristo, que dio las gracias al Padre y es digno de gracias y gloria por los siglos de los siglos. Amén.